Exercícios práticos de dinâmica de grupo

Vol. I

CB054710

Dados Internacionais de Catalogação na Publicação (CIP)
(Câmara Brasileira do Livro, SP, Brasil)

Fritzen, Silvino José
    Exercícios práticos de dinâmica de grupo :
vol. I / Silvino José Fritzen (Amadeu Egydio) . –
42. ed. – Petrópolis, RJ : Vozes, 2014.

    5ª reimpressão, 2023.

    Bibliografia.
    ISBN 978-85-326-0210-7

    1. Dinâmica de grupo 2. Relações humanas
I. Título.

06-7258
                             CDD-158.2

Índices para catálogo sistemático:

1. Dinâmica de grupo : Psicologia aplicada   158.2

Silvino José Fritzen
(Ir. Amadeu Egydio)

Exercícios práticos de dinâmica de grupo

Vol. I

EDITORA
VOZES

Petrópolis

© 1981, Editora Vozes Ltda.
Rua Frei Luís, 100
25689-900 Petrópolis, RJ
www.vozes.com.br
Brasil

Todos os direitos reservados. Nenhuma parte desta obra poderá ser reproduzida ou transmitida por qualquer forma e/ou quaisquer meios (eletrônico ou mecânico, incluindo fotocópia e gravação) ou arquivada em qualquer sistema ou banco de dados sem permissão escrita da editora.

CONSELHO EDITORIAL

Diretor
Gilberto Gonçalves Garcia

Editores
Aline dos Santos Carneiro
Edrian Josué Pasini
Marilac Loraine Oleniki
Welder Lancieri Marchini

Conselheiros
Elói Dionísio Piva
Francisco Morás
Ludovico Garmus
Teobaldo Heidemann
Volney J. Berkenbrock

Secretário executivo
Leonardo A.R.T. dos Santos

Diagramação: AG.SR. Desenv. Gráfico
Capa: Bruno Margiotta

ISBN 978-85-326-0210-7

Este livro foi composto e impresso pela Editora Vozes Ltda.

Sumário

Prefácio

Se fosse possível a uma pessoa do planeta Marte observar os habitantes deste planeta Terra, provavelmente ficaria impressionada em constatar a quantidade de tempo em que as pessoas passam juntas, em grupos. Constataria, possivelmente, que as pessoas nascem e vivem em grupos relativamente pequenos e que os membros moram na mesma casa para atender às suas necessidades básicas, dependendo da mesma fonte para subsistência econômica, para educação dos filhos e cuidar da saúde.

Observaria ainda que a educação e a socialização dos filhos ocorrem geralmente em grupos maiores, formados pelas escolas, pelas igrejas, pelos clubes e outras instituições sociais. Ainda poderia observar que a maioria do trabalho e das atividades é realizada em grupos, com grande dependência dos membros entre si.

É bem possível, ainda, que o habitante do planeta Marte observe, com certa surpresa, que os habitantes desta Terra nem sempre se integram perfeitamente, faltando-lhes o necessário clima social, por causa dos problemas de relacionamento.

Onde se encontra mais de uma pessoa, há realmente problemas de relacionamento. Para superá-los, a família, a escola, os clubes, os esportes, a administração de empresas, os partidos políticos, os grupos de jovens e de adultos, recorrem, com bastante frequência, a Cursos de Relações Humanas.

Partindo do princípio de que o indivíduo é um ser social e que a coexistência é a estrutura das relações humanas, raras vezes paramos para observar o que está acontecendo num grupo, e dificilmente analisamos o nosso comportamento grupal. Inconscientemente, talvez nossa conduta nem sempre atenda às exigências e observações dos membros participantes, criando uma situação constrangedora ou mesmo conflitante. Este volume de coletânea de *Exercícios práticos* pretende colaborar no sentido de desbastar as arestas, conscientizar os indivíduos, tornando-os melhores observadores, pela vivência deste trabalho, aprimorando assim a realização humana num ambiente grupal.

Trata-se de melhorar as relações dos diretores, chefes, gerentes, líderes em geral, com os subordinados, colegas e superiores hierárquicos. É preciso criar um clima de relações verdadeiramente humanas do indivíduo com o grupo, do grupo com o indivíduo, dos indivíduos entre si, do grupo com os outros grupos, do chefe ou líder com o grupo ou com o indivíduo do grupo com o chefe ou líder, do indivíduo com o chefe ou líder e do chefe ou líder com o indivíduo.

O principal objetivo, ao publicar esta coletânea de *Exercícios práticos*, não é simplesmente sua divulgação, mas o que mais apreciamos é o significado, e a finalidade dos mesmos.

Cada exercício tem uma finalidade: assim, uns buscam maior abertura da pessoa em relação às demais, tirando as barreiras que impedem uma verdadeira comunicação pessoal por causa de tantos preconceitos e condicionamentos que geralmente angustiam as pessoas em relação às outras. Outros exercícios procuram despertar nas pessoas o sentido da solidariedade, adormecido pelo egoísmo. Outros ainda buscam mais diretamente uma colaboração efetiva, afastando a frieza, o indiferentismo, a agressividade, o desejo de dominação, o tratamento da pessoa como objeto. Aparecem ainda exercícios que provocam um "insight" pessoal. Apresentam a pessoa como ela realmente é, com suas limitações, suas deficiências, suas habilidades, suas tendências positivas e negativas. Há, enfim, exercícios que demonstram maturidade grupal, o grau de abertura, de harmonia, e seu ambiente de amizade, de sinceridade, de confiança e de colaboração.

O ser humano é essencialmente um SER para os demais, um SER em relação, que depende dos demais e está feito para os demais. Disto, em geral, as pessoas têm muito pouca consciência, mas é algo que não se adquire a não ser pela vivência.

O autor

Relações humanas

1. As seis palavras mais importantes: **ADMITO QUE O ERRO FOI MEU.**

2. As cinco palavras mais importantes: **VOCÊ FEZ UM BOM TRABALHO.**

3. As quatro palavras mais importantes: **QUAL A SUA OPINIÃO?**

4. As três palavras mais importantes: **FAÇA O FAVOR.**

5. As duas palavras mais importantes: **MUITO OBRIGADO.**

6. A palavra mais importante: **NÓS.**

7. A palavra menos importante: **EU.**

De *O telhadinho*

Os dez mandamentos das relações humanas

1. **FALE** com as pessoas. Nada há tão agradável e animado quanto uma palavra de saudação, particularmente hoje em dia quando precisamos mais de "sorrisos amáveis".

2. **SORRIA** para as pessoas. Lembre-se que acionamos 72 músculos para franzir a testa e somente 14 para sorrir.

3. **CHAME** as pessoas pelo nome. A música mais suave para muitos ainda é ouvir o seu próprio nome.

4. **SEJA** amigo e prestativo. Se você quiser ter amigos, seja amigo.

5. **SEJA** cordial. Fale e aja com toda sinceridade: tudo o que você fizer, faça-o com todo o prazer.

6. **INTERESSE-SE** sinceramente pelos outros. Lembre-se que você sabe o que sabe, porém você não sabe o que outros sabem. Seja sinceramente interessado pelos outros.

7. **SEJA** generoso em elogiar, cauteloso em criticar. Os líderes elogiam. Sabem encorajar, dar confiança, e elevar os outros.

8. **SAIBA** considerar os sentimentos dos outros. Existem três lados numa controvérsia: o seu, o do outro, e o lado de quem está certo.

9. **PREOCUPE-SE** com a opinião dos outros. Três comportamentos de um verdadeiro líder: ouça, aprenda e saiba elogiar.

10. **PROCURE** apresentar um excelente serviço. O que realmente vale em nossa vida é aquilo que fazemos para os outros.

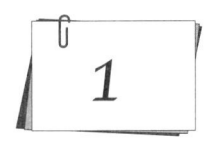

Apresentação

 **OBJETIVOS: a)** Começar a integração do grupo, partindo de algo fundamental: conhecer-se mutuamente, iniciando a relação interpessoal.

b) Romper o gelo desde o princípio, a fim de desfazer tensões.

c) Demonstrar que nenhum membro do grupo pode passar despercebido.

d) Dar uma primeira ideia dos valores pessoais dos membros participantes.

 **TAMANHO DO GRUPO:** Vinte e cinco a trinta membros.

 **TEMPO EXIGIDO:** Quarenta e cinco minutos, aproximadamente.

 **AMBIENTE FÍSICO:** Uma sala bastante ampla com cadeiras para acomodar todos os integrantes.

 **PROCESSO:** O animador inicia, explicando que o exercício que será realizado exige que todos se sintam à vontade. Isto obriga que todos saibam

QUEM É QUEM. Não se chegará a um conhecimento grupal, a não ser conhecendo os indivíduos. Isto é possível conseguir de várias maneiras. O que se pretende com este exercício é a apresentação a dois, para isso:

I. O animador solicita que os membros participantes formem subgrupos a dois, preferencialmente com parceiros desconhecidos.

II. Durante uns seis a sete minutos, os subgrupos formados se entrevistam mutuamente.

III. Voltando ao grupo único, cada membro fará a apresentação do colega entrevistado.

IV. Nenhum poderá fazer sua própria apresentação.

V. Cada membro participante deve permanecer atento e verificar se sua apresentação, feita pelo colega, é correta e corresponde aos dados fornecidos.

VI. A seguir, o animador pede aos participantes que se manifestem sobre a apresentação feita pelo colega e sobre o valor do exercício.

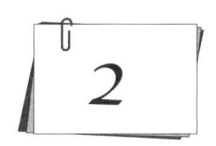

Temores e esperanças
(Exercício)

OBJETIVO: Conscientizar o grupo, no início do curso, sobre suas motivações, desejos e esperanças; suas angústias e temores.

TAMANHO DO GRUPO: Vinte e cinco a trinta pessoas.

TEMPO EXIGIDO: Trinta minutos, aproximadamente.

MATERIAL UTILIZADO: Uma folha em branco e caneta.

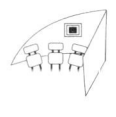

AMBIENTE FÍSICO: a) Uma sala suficientemente ampla, com cadeiras, para acomodar todos os participantes.

b) Um quadro-negro ou uma folha de cartolina.

PROCESSO: O animador inicia dizendo que seguramente todos têm diante do curso temores e esperanças. No exercício que irão fazer, todos poderão expressar esses temores e esperanças. Para isso:

I. Formará subgrupos de cinco a sete membros cada.

II. A seguir distribuirá uma folha em branco para cada subgrupo que indicará um secretário para anotar os temores e as esperanças da equipe.

III. Em prosseguimento, o animador pedirá que cada subgrupo expresse os seus temores e esperanças do curso na folha que foi entregue, levando para isso uns sete minutos.

IV. Decorrido o tempo, forma-se novamente o grupo maior, para que cada subgrupo possa relatar o que foi anotado.

V. O animador fará um resumo, ou no quadro-negro ou numa cartolina, e observará que provavelmente os temores e as esperanças dos subgrupos são idênticos e se resumem a dois ou três.

VI. O exercício pode prosseguir através do seguinte: O animador pede que se formem novamente os subgrupos, e cada um irá estudar mais em profundidade um dos temores ou uma das esperanças do grupo, suas características, suas manifestações, etc. No final, novamente no grupo grande, um dos membros de cada subgrupo deverá personalizar ou o temor ou a esperança que ficou estudado no subgrupo. Em outros termos, deverá vivenciar e fazer sentir aos demais esse temor ou essa esperança.

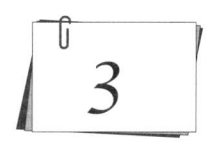

O encontro entre dois grupos

OBJETIVOS: a) Melhorar as relações entre dois grupos de pessoas.

b) Explorar a interação de grupos.

TAMANHO DO GRUPO: Dois grupos formados de não mais de quinze pessoas.

TEMPO EXIGIDO: Duas horas, aproximadamente.

MATERIAL UTILIZADO: Folhas grandes de cartolina ou um quadro-negro.

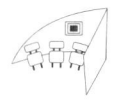

AMBIENTE FÍSICO: Uma sala ampla, para poder localizar os dois grupos separadamente.

PROCESSO: I. O exercício inicia com uma reunião geral. O animador explica os objetivos e o funcionamento do trabalho.

II. Formam-se dois subgrupos. Cada um deverá responder, numa das folhas de cartolina, às seguintes perguntas:

1º) Como o nosso grupo vê o outro grupo?

2º) Como o nosso grupo pensa que somos vistos pelo outro grupo.

Isso levará aproximadamente uma hora.

III. Reúnem-se novamente os dois subgrupos numa assembleia, e um representante de cada irá ler e expor em público o que estiver marcado na cartolina. O animador procurará manter a disciplina da reunião, não permitindo explicações ou defesas por parte do grupo adversário.

IV. Os dois grupos novamente se reúnem separadamente para planejar uma resposta às observações feitas na exposição anterior. Este trabalho poderá levar aproximadamente mais meia hora.

V. Forma-se novamente assembleia para expor as reações dos grupos e fazer comentários acerca do exercício.

Círculos concêntricos

OBJETIVO: Observar atentamente o comportamento grupal de um participante para posteriores observações.

TAMANHO DO GRUPO: Trinta membros, aproximadamente.

TEMPO EXIGIDO: Trinta minutos.

MATERIAL UTILIZADO: Papel e caneta para anotações.

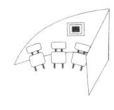

AMBIENTE FÍSICO: Uma sala com carteiras ou cadeiras.

PROCESSO: I. O animador divide o grupo, para que a metade represente o grupo de ação e a outra, o de observadores.

II. O grupo de ação permanece sentado em círculo concêntrico interno e o de observadores em círculo concêntrico externo.

III. O grupo de ação inicia um debate sobre algum tema de livre escolha.

IV. O animador orientará o grupo de observadores acerca daquilo que deverão observar nos membros do grupo de ação. Assim, um observador poderá anotar quem do grupo de ação não participa; um outro, quem monopoliza; um outro, quem deseja participar e não tem ensejo, etc.

V. Após dez minutos de discussão, o grupo de observadores apresentará suas observações, e prossegue-se trocando de posição os participantes, quem for do grupo de ação passará para o de observadores e vice-versa.

VI. O exercício continua como no item IV.

Jogo da verdade

OBJETIVOS: a) Conhecimento mútuo.

b) A liberação da personalidade.

c) A desinibição, o desbloqueio.

TAMANHO DO GRUPO: Vinte e cinco pessoas, aproximadamente.

TEMPO EXIGIDO: Depende do número de pessoas que serão interrogadas em cada exercício, como também do número de perguntas que serão formuladas.

MATERIAL UTILIZADO: Uma relação de perguntas que serão formuladas, ou um sorteio de perguntas, previamente organizado.

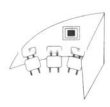
AMBIENTE FÍSICO: Uma sala suficientemente ampla para formar um círculo com cadeiras para acomodar todas as pessoas participantes e uma cadeira no centro do círculo.

 **PROCESSO: I.** O animador inicialmente dará algumas orientações acerca da finalidade do exercício, esclarecendo ao mesmo tempo que tanto o perguntador como o interrogado devem usar o bom senso, para maior eficiência do trabalho.

II. Por solicitação do animador, um membro voluntário do grupo irá ocupar a cadeira localizada no centro do círculo, para o interrogatório.

III. A pessoa que ocupar a cadeira do centro promete ao grupo dizer "só a verdade" a qualquer pergunta, durante determinado tempo.

IV. As perguntas serão formuladas pelo coordenador ou outro membro escolhido, valendo-se da lista previamente organizada, ou de um sorteio de perguntas, igualmente preparado para o exercício.

V. Após alguns minutos, processa-se o revezamento.

VI. No final, seguem-se depoimentos e comentários acerca da experiência.

Explosão do animador

OBJETIVO: Criar impacto nos participantes do exercício grupal através de uma dramatização exagerada, a fim de sentir melhor as reações dos indivíduos.

TAMANHO DO GRUPO: Trinta pessoas, aproximadamente.

TEMPO EXIGIDO: Dez minutos, no máximo.

AMBIENTE FÍSICO: Uma sala suficientemente ampla, com cadeiras.

PROCESSO: I. O animador aproveita o debate ou discussão sobre um tema qualquer, pára, de repente, e diz com energia: "Vocês não estão se interessando suficientemente. Estou até doente e cansado em ver esse comportamento, esse desinteresse. Caso não tomem maior seriedade, interrompo, agora mesmo, este debate!"

II. O grupo, assim desconcertado repentinamente, manifestará reações que podem ser de aprovação e, sobretudo, de reprovação dessa atitude violenta do animador.

III. A esta altura, o animador, já calmo e tranquilo, dirá que estava dramatizando a fim de ver as reações dos indivíduos do grupo.

IV. A seguir pedirá aos participantes que manifestem suas reações de temor, de culpa e de inocência, diante da explosão do animador.

V. Convém notar que a aplicação deste exercício exige certa maturidade e preparo do grupo.

Comunicação

OBJETIVOS: a) Melhorar as habilidades de comunicação, quer no meio de um grupo, quer de indivíduo para indivíduo.

b) Caracterizar os três elementos de uma conversação: Invenção, Interjeição e Interrupção.

TAMANHO DO GRUPO: Qualquer número de subgrupos formados de seis a oito membros.

TEMPO EXIGIDO: Trinta minutos aproximadamente.

MATERIAL UTILIZADO: Uma folha em branco, caneta ou lápis.

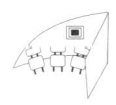

AMBIENTE FÍSICO: Uma sala bastante ampla, com carteiras.

PROCESSO: I. O animador fará inicialmente uma exposição, focalizando especificamente os três elementos da comunicação: intervenção, interjeição e interrupção. Poderá valer-se do texto anexo.

II. Apresenta-se um assunto para debate, escolhido quer pelo animador, quer pelo grupo.

III. Subdivide-se o grupo em dois subgrupos: um de ação e outro, de observação.

IV. O animador escolherá, no grupo de ação, aqueles que vão fazer a intervenção, os que farão a interjeição e aqueles que farão a interrupção.

V. Para melhor êxito do exercício, o animador chamará à parte os elementos escolhidos para as funções, dando-lhes as seguintes instruções.

a) Para aqueles que intervêm: a função de vocês será de procurar o diálogo entre os membros do grupo de ação. Isto significa que vocês devem prestar muita atenção: interromper assim que não entenderem ou não compreenderem. Procurem acrescentar qualidade e concisão à mensagem daquele que fala. Vocês só podem confirmar o êxito da mensagem. Suas intervenções só poderão levar os outros a entender que vocês realmente compreenderam, e só poderão formular perguntas esclarecedoras.

b) Para aqueles que interrompem: a função de vocês será de procurar atrapalhar o esforço da comunicação dos outros membros do grupo, trazendo novas ideias, refutando-as ou apresentando humor não apropriado, fazendo entradas descabidas. Tal função deve ser usada com discrição, caso contrário, o grupo não conseguirá um consenso. Apresentem certo número de interrupções, para caracterizar a função de vocês, mas procurem não destruir o progresso do grupo.

c) Para aqueles que exclamam: a função de vocês será de apoio e de construção, o que poderá ser feito pelo simples menear de cabeça, um sorriso, um movimento corporal, gestos com a mão etc. Vocês poderão também mostrar-se confusos, intervindo com exclamações tais como: "o quê?"; "não entendemos"; "não compreendemos"; "estamos confusos"; "quer repetir?"

VI. A seguir o animador deverá instruir o grupo de observadores. Cada membro do grupo de observadores deverá anotar numa folha os elementos que, no entender deles, exercem a função de intervenção, de interrupção e de exclamação, além de anotar outras observações relativas à função.

INTERVENÇÃO, INTERJEIÇÃO, INTERRUPÇÃO

Os processos e técnicas de comunicação são de reconhecimento difícil, e mais difíceis ainda de definir. Não existem dúvidas de que precisamos melhorar as habilidades de comunicação, quer individuais quer grupais.

A INTERVENÇÃO e a INTERJEIÇÃO são habilidades de conversão que, usadas convenientemente, podem ajudar a eliminar a interrupção, que é o terceiro elemento de uma conversão.

Queremos aqui: **a)** definir os três elementos que entram numa comunicação, a saber: a intervenção, a interjeição e a interrupção. Procuraremos ilustrar, através de um exemplo concreto, como numa interação grupal tais fenômenos ocorrem; **b)** desenvolver um modelo para treinamento grupal, em que os membros do grupo possam identificar os três elementos, a fim de mudar suas atitudes de comunicação, no que diz respeito à interrupção, para saber usar com habilidade a intervenção e a interjeição.

Uma INTERRUPÇÃO define-se como um ato que distrai, interrompe ou termina a corrente de comunicação de outras pessoas. Entende-se por INTERJEIÇÕES as exclamações verbais ou não verbais curtas que demonstram intervenções impossíveis de descrever, tais como: "ah", "mas", "bonito", "bacana", "lindo", ou um simples menear de cabeça como sinal de aprovação ou de desaprovação.

As INTERVENÇÕES são as atitudes mais expressivas do grupo. São oportunas quando servem de apoio, de esclarecimentos que facilitem o bom andamento e a qualidade da comunicação entre os indivíduos.

Vamos ilustrar esses processos. Três pessoas planejam passar juntas um fim de semana. João, que é o anfitrião, diz a Paulo que não sabe onde João mora, como chegar até sua residência. João explica a direção: siga até o entroncamento e dobre na terceira rua. INTERVENÇÃO: Paulo pergunta: devo dobrar pela direita ou pela esquerda, no entroncamento? – João responde: dobre à esquerda. INTERJEIÇÃO: Paulo: É tão fácil. – João então continua: assim que dobrar à esquerda, prossiga cinco quadras, onde encontrará um semáforo. Então você... INTERRUPÇÃO: Roberto: Ah, João, não se incomode. Vou buscar Paulo, e chegaremos juntos. – Roberto não sabia que Paulo iria chegar muito tarde, razão pela qual ele solicitou a direção.

Esta interrupção não só criou uma confusão, como também fez perder tempo, e foi uma frustração para os outros, que também estavam aproveitando das indicações de direção dadas por João. Como conclusão, João foi obrigado a repetir as instruções.

Nesse exemplo, a INTERJEIÇÃO poderia ter aparecido de modo diferente, como um menear de cabeça por parte dos outros, dando a entender que estavam compreendendo, ou simplesmente respondendo: "está bem". "Compreendido".

A INTERJEIÇÃO geralmente não faz parar a corrente de ideias ou o discurso. O ato de INTERVENÇÃO geralmente melhora a comunicação. Por exemplo, poderia ter dito que o entroncamento estava em reforma e que, portanto, precisaria tomar outra direção.

A INTERRUPÇÃO, por outro lado, não é uma intervenção simples da conversação. É uma interrupção e muitas vezes produz uma tensão. A pessoa, ao falar, sente muito bem se aquela que escuta é ou não receptiva. Quando notar que os ouvintes facilmente interrompem, e não procuram contribuir, não aceitam facilmente o diálogo, costuma tomar medidas preventivas, medidas que evitam a interrupção, falando depressa, mais alto, dizendo coisas como: "só um minuto", ou "deixe-me terminar", ou "não me interrompa". Em resumo, a pessoa que costuma INTERVIR efetivamente contribui na conversação: aquelas que procuram INTERROMPER afastam a conversação, levando a atenção a um segundo plano.

A comunicação entre as pessoas não deve acontecer por acidente, mas, antes, deve representar o resultado de funções claramente compreendidas e oportunamente exercidas.

Cada pessoa deve assumir a responsabilidade pelo diálogo total, pela troca de funções. Assim, cada pessoa deve efetivamente escutar, observar e repartir os dados do processo, oferecendo contribuição pessoal de maneira sensível e clara. Facilitar a conversação significa criar entradas para intervenções. Tais intervenções podem ser verbais ou não verbais, e devem ser oportunas, juntando qualidade ao diálogo.

Todos devem entender que a pessoa que intervém efetivamente procura ajudar na melhor compreensão. Não devemos esquecer que somente a boa intervenção tem este poder.

DISTORÇÕES

Na transmissão oral, preconceitos, preocupações, sentimentos integram-se à mensagem recebida e juntam-se aos maus hábitos para distorcer o que se ouve. A história do Eclipse do Sol, que J.R. Whitaker Penteado narra no livro intitulado *A técnica da comunicação humana*, ilustra as distorções provocadas pelas deficiências na audição.

"Capitão ao Sargento-ajudante:

– Sargento! Dando-se amanhã um eclipse do sol, determino que a companhia esteja formada, com uniforme de campanha, no campo de exercício, onde darei explicações em torno do raro fenômeno que não acontece todos os dias. Se por acaso chover, nada se poderá ver e neste caso, fica a companhia dentro do quartel.

Sargento-ajudante ao Sargento de Dia:

– Sargento, de ordem de meu capitão, amanhã haverá um eclipse do sol, em uniforme de campanha. Toda a companhia terá de estar formada no campo de exercício, onde seu capitão dará as explicações necessárias, o que não acontece todos os dias. Se chover, o fenômeno será mesmo dentro do quartel!

Sargento de Dia ao Cabo:

– Cabo, o nosso capitão fará amanhã um eclipse do sol no campo de exercício. Se chover, o que não acontece todos os dias, nada se poderá ver. Em uniforme de campanha o capitão dará a explicação necessária, dentro do quartel.

Cabo aos Soldados:

– Soldados, amanhã para receber o eclipse que dará a explicação necessária sobre o nosso capitão, o fenômeno será um uniforme de exercício. Isto, se chover dentro do quartel, o que não acontece todos os dias."

Exercício da confiança

OBJETIVOS: a) Acelerar o processo de conhecimento mútuo no grupo.

b) Estudar as experiências da própria descoberta.

c) Desenvolver a autenticidade no grupo.

d) Dar a todos a oportunidade de falar e de escutar.

TAMANHO DO GRUPO: Vinte e cinco a trinta pessoas.

TEMPO EXIGIDO: Aproximadamente trinta minutos.

MATERIAL UTILIZADO: Um número suficiente de papeletas com uma pergunta a ser respondida em público por cada membro participante.

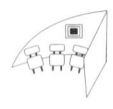
AMBIENTE FÍSICO: Uma sala com cadeiras.

PROCESSO: I. O animador faz uma breve introdução do exercício, falando sobre a descoberta pessoal e a importância do exercício.

II. Distribuirá, a seguir, uma papeleta para cada participante.

III. Um a um, os participantes lerão a pergunta que estiver na papeleta, procurando responder com toda sinceridade.

IV. No final, segue-se um debate sobre o exercício feito.

PERGUNTAS PARA O EXERCÍCIO

Estas perguntas servem de sugestões para o exercício:

1. Qual o seu *hobby* predileto ou como você preenche o seu tempo de lazer?

2. Que importância tem a religião na sua vida?

3. O que mais o aborrece?

4. Como você encara o divórcio?

5. Qual emoção é mais difícil de se controlar?

6. Qual a pessoa do grupo que lhe é mais atraente?

7. Qual a comida que você menos gosta?

8. Qual o traço de personalidade que lhe é mais marcante?

9. Qual é, no momento, o seu maior problema?

10. Na sua infância, quais foram os maiores castigos ou críticas recebidos?

11. Como estudante, quais as atividades em que participou?

12. Quais são seus maiores receios em relação a este grupo?

13. Qual é a sua queixa em relação à vivência grupal?

14. Você gosta do seu nome?

15. Quem do grupo você escolheria para seu líder?

16. Quem do grupo você escolheria para com ele passar suas férias?

17. Você gosta mais de viver numa casa ou num apartamento?

18. Qual o país que você gostaria de visitar?

19. Quais são algumas das causas da falta de relacionamento entre alguns pais e filhos?

20. Se você fosse presidente da República, qual seria sua meta prioritária?

Aulinha

OBJETIVO: Desenvolver nos participantes a capacidade de improvisação, síntese, clareza e de avaliação.

TAMANHO DO GRUPO: Vinte e cinco a trinta pessoas.

TEMPO EXIGIDO: Trinta e cinco minutos, aproximadamente.

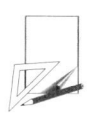
MATERIAL UTILIZADO: Tantos temas previamente preparados quantos forem os integrantes do grupo.

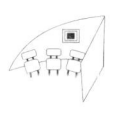
AMBIENTE FÍSICO: Uma sala suficientemente ampla para poder formar um círculo com cadeiras, para acomodar os membros participantes.

PROCESSO: A AULINHA é dada quando o grupo tem dificuldade de expressão, é inibido e prolixo. Para isso o animador:

I. Entrega a cada participante o tema, sobre o qual deverá expor suas ideias, durante dois ou três minutos.

II. O membro participante anterior ou posterior dará uma nota ou conceito ao expositor, que será comunicada ao grupo no final do exercício.

III. A AULINHA permite diversas variações, tais como:

a) o animador, em vez de dar a cada participante um título de tema para dissertar em público, poderá entregar-lhe uma papeleta com o tema, acrescido com alguns pensamentos, para que o expositor possa pronunciar-se em público sobre o assunto, falando-se dos pensamentos da papeleta;

b) ou ainda, o animador distribuirá uma papeleta em branco para que cada participante possa lançar nela no mínimo dois assuntos da atualidade, notícias recentes de jornais. A seguir recolherá os assuntos que depois de embaralhados serão redistribuídos para que cada participante possa dar sua Aulinha, escolhendo um dos artigos constantes na papeleta.

IV. No final da AULINHA, todos poderão dar seu depoimento sobre a experiência vivida.

Exercício da qualidade

OBJETIVOS: 1. Conscientizar os membros do grupo para observar as boas qualidades nas outras pessoas.

2. Despertar as pessoas para qualidades até então ignoradas por elas mesmas.

TAMANHO DO GRUPO: Vinte e cinco a trinta pessoas.

TEMPO EXIGIDO: Quarenta e cinco minutos aproximadamente.

MATERIAL UTILIZADO: Lápis e papeletas.

AMBIENTE FÍSICO: Uma sala suficientemente ampla, com carteiras colocadas em forma circular.

PROCESSO: O animador iniciará dizendo que, na vida diária, o mais das vezes as pessoas observam não as qualidades, porém os defeitos do próximo. Nesse instante, cada qual terá a oportunidade de realçar uma qualidade do colega. Para isso:

I. O animador distribuirá uma papeleta para todos os participantes. Cada qual deverá escrever nela a qualidade que, no seu entender, caracteriza seu colega da direita.

II. A papeleta deverá ser completamente anônima, sem nenhuma identificação. Para isso não deve constar nem o nome da pessoa da direita, nem vir assinada.

III. A seguir o animador solicita que todos dobrem a papeleta para ser recolhida, embaralhada e redistribuída.

IV. Feita a redistribuição, começando pela direita do animador, um a um lerá em voz alta a qualidade que consta na papeleta, procurando entre os membros do grupo a pessoa que, no entender do leitor, é caracterizada com esta qualidade. Só poderá escolher uma pessoa entre os participantes.

V. Ao caracterizar a pessoa, deverá dizer por que tal qualidade a caracteriza.

VI. Pode acontecer que a mesma pessoa do grupo seja apontada mais de uma vez como portadora de qualidades, porém, no final, cada qual dirá em público a qualidade que escreveu para a pessoa da direita.

VII. Ao término do exercício, o animador pede aos participantes depoimentos sobre o mesmo.

Dramatização

OBJETIVOS: 1. Demonstrar o comportamento grupal dos membros participantes.

2. Realizar um *feedback* de um participante com o objetivo de melhor compreendê-lo.

TAMANHO DO GRUPO: Vinte e cinco a trinta pessoas.

TEMPO EXIGIDO: Trinta minutos, aproximadamente.

AMBIENTE FÍSICO: Uma sala com cadeiras ou carteiras.

PROCESSO: I. O animador apresenta um assunto para discussão.

II. Após decorridos dez minutos, o animador orienta os participantes para que, nos próximos dez a quinze minutos, cada um procure identificar-se com o colega da direita, esforçando-se por imitá-lo na discussão.

III. Cada participante tentará agir exatamente como o seu colega da direita, imitando seu comportamento grupal.

IV. É da máxima importância que cada qual consiga identificar-se com seu colega.

V. O mesmo exercício poderá ser feito deixando liberdade para que cada participante faça a escolha do colega a ser imitado, cabendo aos outros reconhecê-lo.

Diagrama de integração

OBJETIVO: Apresentar uma ilustração gráfica do relacionamento dos membros de um grupo.

TAMANHO DO GRUPO: Vinte e cinco pessoas, aproximadamente.

TEMPO EXIGIDO: Quinze a vinte minutos.

MATERIAL UTILIZADO: Lápis ou caneta.

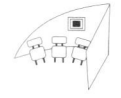

AMBIENTE FÍSICO: Uma sala com carteiras ou cadeiras e um quadro-negro.

PROCESSO: I. O animador distribuirá uma papeleta a todos os participantes do grupo, para que cada qual escreva o nome da "pessoa mais importante para o sucesso do grupo", ou, ainda, da "pessoa do grupo cujas ideias são mais aceitas".

II. O animador orientará os participantes no sentido de que assinem a papeleta com letra bem legível.

III. Recolhidas as papeletas, far-se-á um diagrama no quadro-negro, marcando com um círculo o nome do participante escolhido, e com uma flecha, a iniciar-se com o nome da pessoa que escolheu, indo em direção à escolhida.

IV. Assim, Pedro foi escolhido por Paulo, José também escolheu Pedro e Maria a Paulo. O diagrama terá a seguinte apresentação:

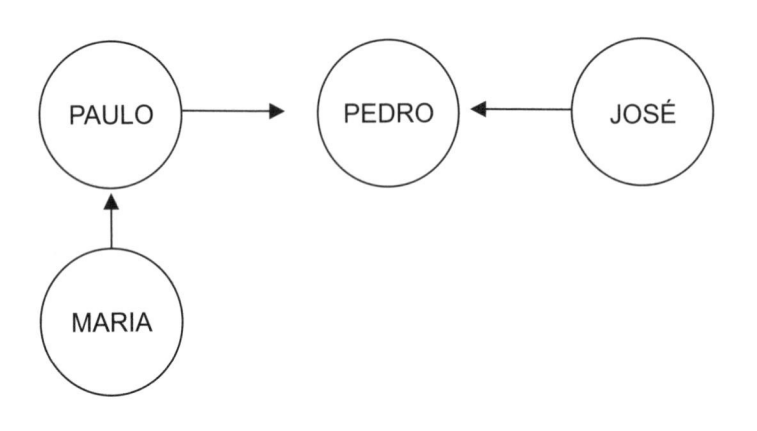

Enfileirar de acordo com a influência

 **OBJETIVO:** Conscientizar os integrantes sobre o grau de influência que exercem sobre o grupo.

 **TAMANHO DO GRUPO:** Doze membros, mais ou menos. Sendo possível, num grupo maior formar subgrupos, simultaneamente.

 **TEMPO EXIGIDO:** Uma hora, aproximadamente.

 **MATERIAL UTILIZADO: a)** Três folhas de papel em branco, lápis ou caneta para cada participante.

b) Algumas folhas de cartolina, de um metro de tamanho.

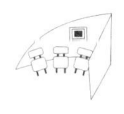 **AMBIENTE FÍSICO:** Espaço suficiente para que se possam organizar as fileiras, colocando os participantes de acordo com sua influência sobre o grupo. Cadeiras em forma circular, uma para cada membro.

 **PROCESSO:** *PRIMEIRA FASE:*

I. O animador pede que os membros participantes se organizem em fileira por ordem de influência que cada membro exerce sobre o grupo. Caso tiver vários subgrupos, os mesmos farão simultaneamente o exercício. Todos deverão executar a tarefa em silêncio.

II. Terminada a tarefa, o animador colocará a ordem numa folha de cartolina, para ser apreciada por todos.

III. A seguir, o grupo irá para o círculo, onde se processará a discussão do exercício, bem como a colocação dos membros na fileira. Nessa ocasião, o animador poderá fazer algumas observações referentes ao exercício, ao comportamento dos indivíduos na sua colocação.

IV. Recomeça-se o exercício tantas vezes quantas forem necessárias, até que todos estejam satisfeitos em relação à colocação na fileira, de acordo com a influência que cada um exerce sobre o grupo.

SEGUNDA FASE:

I. O animador pede aos participantes que elejam um líder imparcial, explicando que na votação deverão dar um voto para aquele que será o líder, e doze votos para o último colocado. Tal votação inversa dará o ensejo para que os participantes possam experimentar novas sensações que envolvem o exercício.

II. O grupo ou os subgrupos podem debater entre si a ordem da escolha fazendo anotações escritas, tendo para isso dez minutos.

III. Processa-se a votação. Caso ocorra empate, prossegue-se o exercício até o desempate, devendo a ordem corresponder à influência que cada um exerce sobre o grupo.

IV. Segue-se uma discussão grupal em torno do impacto do exercício.

As dimensões da liderança

OBJETIVO: Focalizar as responsabilidades e os problemas da liderança.

TAMANHO DO GRUPO: Aproximadamente doze membros. É possível formar subgrupos de doze membros, para exercícios simultâneos.

TEMPO EXIGIDO: Uma hora.

MATERIAL UTILIZADO: Moedas ou cédulas que serão coletadas entre os membros do grupo.

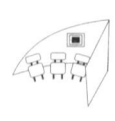

AMBIENTE FÍSICO: Cadeiras colocadas em círculos e um espaço suficiente para formar subgrupos, caso for preciso.

PROCESSO: Este exercício pode ser feito logo após o anterior, mas pode também ser adaptado a qualquer outro no qual é eleito um líder.

I. O animador pede que o grupo faça a eleição de um líder que deverá coletar a importância de R$ 2,00 de cada membro do grupo. A seguir explicará que o dinheiro será redistribuído pelo líder, na base de um múltiplo critério.

II. O animador solicita a ajuda do grupo no sentido de sugerir os múltiplos critérios para a redistribuição do dinheiro. Querendo, poderá formar subgrupos. O líder eleito não tomará parte, mas poderá passar de grupo em grupo para observar. O critério poderá incluir, por exemplo, os indivíduos mais votados, os que mais influenciarem na escolha do líder e outros.

III. Feitas as sugestões, caberá ao líder eleito fazer sua decisão, baseado ou não num dos critérios apontados. Todo critério é válido, exceto o de redistribuir o dinheiro, dando a cada um a mesma importância.

IV. O líder processará a redistribuição do dinheiro, explicando o critério que irá adotar, seguindo-se um debate em torno do exercício realizado.

Qualidade do líder democrático

OBJETIVOS: a) Conscientizar os membros do grupo sobre as qualidades que são básicas de um líder democrático.

b) Possibilitar os participantes a uma tarefa grupal, no sentido de conseguir uma unanimidade em relação a definições que caracterizam o líder democrático.

TAMANHO DO GRUPO: Vinte e cinco a trinta pessoas.

TEMPO EXIGIDO: Quarenta e cinco minutos, aproximadamente.

MATERIAL UTILIZADO: a) Lápis ou caneta.

b) Uma cópia da relação das definições e das qualidades (cf. a seguir).

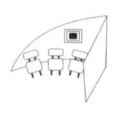

AMBIENTE FÍSICO: Uma sala suficientemente ampla, com carteiras em forma circular, para acomodar todos os participantes.

 **PROCESSO:** O animador inicia falando sobre os três tipos de líderes, o autocrático, o anárquico e o democrático. Procurará enfatizar as características do líder DEMOCRÁTICO. A seguir:

I. Formará subgrupos de cinco a sete membros cada.

II. Distribuirá uma cópia das DEFINIÇÕES E QUALIDADES do líder democrático, para cada participante.

III. Solicita a seguir que cada subgrupo consiga chegar a uma unanimidade em relação à definição e à qualidade correspondente, colocando o número da definição ao lado da qualidade.

IV. Volta-se para o grupo maior, no qual cada subgrupo irá ler as conclusões do exercício.

V. O animador poderá escrever no quadro-negro ou numa cartolina a ordem correta da qualidade com a devida definição.

VI. Finaliza-se o exercício com uma avaliação e depoimentos.

QUALIDADES DO LÍDER DEMOCRÁTICO
(*DEFINIÇÕES*)

1. Sabe o que fazer, sem perder a tranquilidade. Todos podem confiar nele em qualquer emergência.

2. Ninguém sente-se marginalizado ou rejeitado por ele. Ao contrário, sabe agir de tal forma que cada um se sente importante e necessário no grupo.

3. Interessa-se pelo bem do grupo. Não usa o grupo para interesses pessoais.

4. Sempre pronto para atender.

5. Mantém-se calmo nos debates, não permitindo abandono do dever.

6. Distingue bem a diferença entre o falso e o verdadeiro, entre o profundo e o superficial, entre o importante e o acessório.

7. Facilita a interação do grupo. Procura fazer com que o grupo funcione harmoniosamente, sem dominação.

8. Pensa que o bem sempre acaba vencendo o mal. Jamais desanima diante da opinião daqueles que só veem perigo, sombra e fracassos.

9. Sabe prever, evita a improvisação. Pensa até nos menores detalhes.

10. Acredita na possibilidade de que o grupo saiba encontrar por si mesmo as soluções, sem recorrer sempre à ajuda dos outros.

11. Dá oportunidade para que os outros se promovam e se realizem. Pessoalmente, proporciona todas as condições para que o grupo funcione bem.

12. Faz agir. Toma a sério o que deve ser feito. Obtém resultados.

13. É agradável. Cuida de sua aparência pessoal. Sabe conversar com todos.

14. Diz o que pensa. Suas ações correspondem com suas palavras.

15. Enfrenta as dificuldades. Não foge e nem descarrega o risco nos outros.

16. Busca a verdade com o grupo, e não passa por cima do grupo.

QUALIDADES

Coloque o número das DEFINIÇÕES ACIMA, nas QUA-LIDADES que seguem, de acordo com a sua descrição:

– Otimista	– Desinteressado
– Democrático	– Sincero
– Seguro	– Firme e suave
– Eficaz	– Catalisador
– Corajoso	– Juízo maduro
– Disponível	– Confiança nos outros
– Acolhedor	– Dá apoio
– Sociável	– Previsor

QUALIDADES (CHAVE)

1. Seguro	**9.** Previsor
2. Acolhedor	**10.** Confiança nos outros
3. Desinteressado	**11.** Dá apoio
4. Disponível	**12.** Eficaz
5. Firme e suave	**13.** Sociável
6. Juízo maduro	**14.** Sincero
7. Catalisador	**15.** Corajoso
8. Otimista	**16.** Democrático

Pare!

OBJETIVOS: a) Através de um teste surpresa, medir o grau de interesse, de participação, a preocupação atual, a motivação dos participantes.

b) Visa conscientizar o grupo acerca daquilo que se passa com os indivíduos participantes.

TAMANHO DO GRUPO: Vinte e cinco a trinta pessoas.

TEMPO EXIGIDO: Quarenta minutos, aproximadamente.

MATERIAL UTILIZADO: Lápis ou caneta, e papeletas em branco.

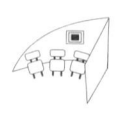

AMBIENTE FÍSICO: Uma sala suficientemente ampla para que se possa formar um círculo com cadeiras, para acomodar todos os participantes.

PROCESSO: A técnica do "PARE" usa-se quando se nota pouca integração grupal, quando há bloqueios, para maior presença consciente, para descobrir a evolução do grupo.

O exercício processa-se assim:

I. A um dado momento, durante a sessão, interrompe-se tudo, distribui-se uma papeleta em branco para cada membro participante e, a pedido do animador, todos deverão escrever em poucas palavras o que gostariam de ouvir, de falar ao grupo, de fazer no momento.

II. O preenchimento da papeleta será feito anonimamente.

III. Uma vez preenchidas, recolhem-se as papeletas dobradas e, após embaralhá-las, processa-se a redistribuição.

IV. A seguir, a pedido do animador, todos, um a um, irão ler em público o conteúdo das papeletas.

V. Finalizando o exercício, seguem-se os depoimentos a respeito.

Um trabalho de equipe

OBJETIVO: Demonstrar a eficiência de um trabalho de equipe.

TAMANHO DO GRUPO: Diversos subgrupos de cinco a sete membros cada um.

TEMPO EXIGIDO: Aproximadamente trinta minutos.

MATERIAL UTILIZADO: a) Uma cópia para cada membro da AVENIDA COMPLICADA.

b) Uma caneta ou lápis.

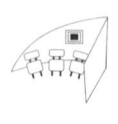

AMBIENTE FÍSICO: Uma sala suficientemente ampla com carteiras para acomodar todos os subgrupos formados para o exercício.

PROCESSO: I. A tarefa do grupo consiste em encontrar um método de trabalho que resolva com máxima rapidez o problema da AVENIDA COMPLICADA.

II. O animador formará subgrupos de cinco a sete membros, entregando a cada participante uma cópia da AVENIDA COMPLICADA.

III. Todos os subgrupos procurarão resolver o problema da AVENIDA COMPLICADA, com a ajuda de toda a equipe.

IV. Obedecendo às informações constantes da cópia da AVENIDA COMPLICADA, a solução final deverá apresentar cada uma das cinco casas caracterizadas quanto à cor, ao proprietário, à condução, à bebida e ao animal doméstico.

V. Será vencedor da tarefa o subgrupo que apresentar por primeiro a solução do problema.

VI. Terminado o exercício, cada subgrupo fará uma avaliação acerca da participação dos membros da equipe na tarefa grupal.

VII. O animador poderá formar um plenário com a participação de todos os membros dos subgrupos para comentários e depoimentos.

A AVENIDA COMPLICADA

A tarefa do grupo consiste em encontrar um método de trabalho que possa resolver, com a máxima brevidade possível, o problema da AVENIDA COMPLICADA.

Sobre a AVENIDA COMPLICADA encontram-se cinco casas numeradas: 801, 803, 805, 807 e 809, da esquerda para a direita. Cada casa caracteriza-se pela cor diferente, pelo proprietário que é de nacionalidade diferente, pela condução que é de marca diferente, pela bebida diferente e pelo animal doméstico diferente.

As informações que permitirão a solução da AVENIDA COMPLICADA são:

- ☐ As cinco casas estão localizadas sobre a mesma avenida e no mesmo lado;
- ☐ O mexicano mora na casa vermelha;
- ☐ O peruano tem um carro Mercedes Benz;
- ☐ O argentino possui um cachorro;
- ☐ O chileno bebe coca-cola;
- ☐ Os coelhos estão à mesma distância do Cadilac e da cerveja;
- ☐ O gato não bebe café e não mora na casa azul;
- ☐ Na casa verde bebe-se whisky;
- ☐ A vaca é vizinha da casa onde se bebe coca-cola;
- ☐ A casa verde é vizinha da casa direita, cinza;
- ☐ O peruano e o argentino são vizinhos;
- ☐ O proprietário do Volkswagen cria coelhos;
- ☐ O Chevrolet pertence à casa de cor rosa;
- ☐ Bebe-se pepsi-cola na terceira casa;
- ☐ O brasileiro é vizinho da casa azul;
- ☐ O proprietário do carro Ford bebe cerveja;
- ☐ O proprietário da vaca é vizinho do dono do Cadilac;
- ☐ O proprietário do carro Chevrolet é vizinho do dono do cavalo.

AV. COMPLICADA

Cor: _____
Condução: _____
Bebida: _____
Animal: _____
Proprietário: _____

Cor: _____
Condução: _____
Bebida: _____
Animal: _____
Proprietário: _____

Cor: _____
Condução: _____
Bebida: _____
Animal: _____
Proprietário: _____

Cor: _____
Condução: _____
Bebida: _____
Animal: _____
Proprietário: _____

Cor: _____
Condução: _____
Bebida: _____
Animal: _____
Proprietário: _____

Teste de resistência à pressão social

OBJETIVO: Criar na pessoa a capacidade, o equilíbrio e a maturidade suficientes para aceitar críticas, superar impasses, pessimismos, desânimos, censuras sociais e outras.

TAMANHO DO GRUPO: Vinte e cinco a trinta pessoas.

TEMPO EXIGIDO: Quarenta minutos, aproximadamente.

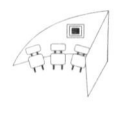

AMBIENTE FÍSICO: Uma sala suficientemente ampla para formar um círculo de cadeiras a fim de acomodar todos os participantes.

PROCESSO: Este exercício é muito válido, sendo aplicado depois que o grupo já atingiu um determinado grau de solidariedade e conhecimento mútuo, e sendo por todos aceito. Para sua realização:

I. Dois ou três participantes, voluntários ou escolhidos pelo grupo, um de cada vez, implacavelmente, vai à passarela em frente de cada participante e diz-lhe tudo o que lhe parece saber, os aspectos positivos, negativos e reticências.

II. Havendo tempo e interesse, é ótimo que todos o façam, constituindo, assim, tantas "fotos" de cada indivíduo, quantos forem os participantes.

III. Este exercício permite, entre outras, a seguinte variação: o animador poderá pedir que cada participante aponte os aspectos positivos, negativos e reticências do seu colega sentado à direita.

IV. No final processam-se comentários acerca do exercício realizado.

O presente da alegria

**OBJETIVOS: I.** Promover um clima de confiança pessoal, de valorização pessoal e um estímulo positivo, no meio do grupo.

II. Dar e receber um *feedback* positivo num ambiente grupal.

**TAMANHO DO GRUPO:** Seis a dez pessoas, que tenham alguma experiência de vivência grupal. Podem-se orientar vários subgrupos, simultaneamente.

**TEMPO EXIGIDO:** Aproximadamente cinco minutos por participante.

**MATERIAL UTILIZADO:** Lápis e papel.

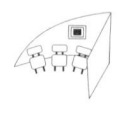**AMBIENTE FÍSICO:** Carteiras para acomodar os membros participantes e um espaço suficiente para formar subgrupos.

**PROCESSO: I.** O animador formará os subgrupos e fornecerá papel para cada participante.

II. A seguir, o animador fará uma exposição, como segue: "Muitas vezes apreciamos mais um presente pequeno do que um grande. Muitas vezes ficamos preocupados por não sermos capazes de realizar coisas grandes e negligenciamos de fazer coisas menores, embora de grande significado. Na experiência que segue, seremos capazes de dar um pequeno presente de alegria para cada membro do grupo".

III. Prosseguindo, o animador convida os membros dos subgrupos para que escrevam uma mensagem para cada membro do subgrupo. A mensagem visa provocar em cada pessoa sentimentos positivos em relação a si mesmo.

IV. O animador apresenta sugestões, procurando induzir a todos a mensagem para cada membro do subgrupo, mesmo para aquelas pessoas pelas quais não sintam grande simpatia. Na mensagem dirá:

1. Procure ser específico, dizendo por exemplo: "Gosto de seu modo de rir toda vez que você se dirige a uma pessoa", em vez de: "Eu gosto de sua atitude", que é muito geral.

2. Procure escrever uma mensagem especial que se enquadre bem na pessoa, em vez de um comentário que se aplique a várias pessoas.

3. Inclua todos, embora não conheça suficientemente bem. Procure algo de positivo em todos.

4. Procure dizer a cada um o que observou dentro do grupo, seus pontos altos, seus sucessos, e faça a colocação sempre na primeira pessoa, assim: "eu gosto", ou "eu sinto", etc.

5. Diga ao outro o que encontra nele que faz você ser mais feliz.

V. Os participantes poderão, caso queiram, assinar a mensagem.

VI. Escritas as mensagens, serão elas dobradas e colocadas numa caixa para serem recolhidas, a seguir, com os nomes dos endereçados no lado de fora.

VII. Depois que todos as tiverem lido, segue-se um comentário sobre as reações dos membros.

A troca de um segredo

 **OBJETIVO:** Criar maior habilidade de empatia entre os participantes grupais.

 **TAMANHO DO GRUPO:** Vinte e cinco a trinta participantes.

 **TEMPO EXIGIDO:** Quarenta e cinco minutos aproximadamente.

 **MATERIAL UTILIZADO:** Lápis e papeletas.

 **AMBIENTE FÍSICO:** Uma sala com carteiras.

 **PROCESSO: I.** O animador distribui uma papeleta para cada membro participante.

II. Os participantes deverão descrever, na papeleta, uma dificuldade que sentem no relacionamento, e que não gostariam de expor oralmente.

III. O animador recomenda que todos despistem a letra, para não revelar o autor.

IV. O animador solicita que todos dobrem a papeleta de forma idêntica, e, uma vez recolhida, misturará e distribuirá uma papeleta dobrada para cada participante.

V. A seguir, o animador recomenda que cada qual assuma o problema que estiver na papeleta, como se fosse ele mesmo o autor, esforçando-se por compreendê-lo.

VI. Cada qual, por sua vez, lerá em voz alta o problema que estiver na papeleta, usando a primeira pessoa "eu" e fazendo as adaptações necessárias, dando a solução.

VII. Ao explicar o problema aos outros, cada qual deverá procurar personalizá-lo.

VIII. Não será permitido debate, nem perguntas sobre o assunto, durante a exposição.

IX. No final, o animador poderá liderar o debate sobre as reações, formulando as seguintes perguntas:

– Como você se sentiu ao descrever o seu problema?

– Como se sentiu ao explicar o problema de um outro?

– Como se sentiu quando o seu problema foi relatado por um outro?

– No seu entender, o outro compreendeu o seu problema?

– Conseguiu pôr-se na sua situação?

– Você sentiu que compreendeu o problema da outra pessoa?

– Como você se sentiu em relação aos outros membros do grupo?

– Mudaram seus sentimentos em relação aos outros, como consequência deste exercício?

A tempestade mental

OBJETIVOS: I. Gerar grande número de idéias ou soluções acerca de um problema, evitando-se críticas e avaliações, até o momento oportuno.

II. Processar os resultados de uma sessão de tempestade mental.

TAMANHO DO GRUPO: Qualquer número de grupos menores, formados de seis pessoas.

TEMPO EXIGIDO: Aproximadamente uma hora.

MATERIAL UTILIZADO: a) Papel e caneta.

b) Quadro-negro ou uma cartolina.

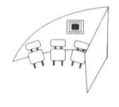

AMBIENTE FÍSICO: Cadeiras ou, se possível, carteiras.

O animador iniciará, dando um exemplo prático.

PROCESSO: I. O animador forma subgrupos de aproximadamente seis pessoas. Cada subgrupo escolherá um secretário que anotará tudo.

II. Formados os subgrupos, o animador dirá as regras do exercício: não haverá crítica durante todo exercício, acerca do que for dito; quanto mais extremada a ideia, tanto melhor: deseja-se o maior número de ideias.

1ª FASE:

III. O animador apresenta o problema a ser resolvido. Por exemplo: um navio naufragou, e um dos sobreviventes nadou até alcançar uma ilha deserta. Como poderá salvar-se? O grupo terá quinze minutos para dar ideias.

2ª FASE:

IV. Terminado, o animador avisa que acabou o tempo e que a crítica é proibida. Inicia-se a avaliação das ideias e a escolha das melhores.

3ª FASE:

V. No caso de haver mais subgrupos, o animador pede que seja organizada uma lista única das melhores ideias.

4ª FASE:

VI. Forma-se o plenário. Processa-se a leitura das melhores ideias, e procura-se formar uma pirâmide cuja base serão as ideias mais válidas.

A dificuldade de um consenso

OBJETIVOS: a) Esclarecer valores e conceitos morais.

b) Provocar um exercício de consenso, a fim de demonstrar sua dificuldade, principalmente quando os valores e conceitos morais estão em jogo.

TAMANHO DO GRUPO: Vinte e cinco a trinta membros.

TEMPO EXIGIDO: Uma hora aproximadamente.

MATERIAL UTILIZADO: a) Uma cópia do ABRIGO SUBTERRÂNEO.

b) Caneta ou lápis.

AMBIENTE FÍSICO: Uma sala com carteiras.

PROCESSO: I. O animador explica os objetivos do exercício.

II. A seguir, distribuirá uma cópia do ABRIGO SUBTERRÂNEO a todos os participantes, para que façam uma decisão individual, escolhendo as seis pessoas de sua preferência.

III. Organiza-se, a seguir, subgrupos de cinco membros, para realizar a decisão grupal, procurando-se alcançar um consenso.

IV. Forma-se novamente o grupo maior, para que cada subgrupo possa relatar o resultado da decisão grupal.

V. Segue-se um debate sobre a experiência vivida.

ABRIGO SUBTERRÂNEO

Imaginem que nossa cidade está sob ameaça de um bombardeio. Aproxima-se um homem e lhes solicita uma decisão imediata. Existe um abrigo subterrâneo que só pode acomodar seis pessoas. Há doze que pretendem entrar. Abaixo há uma relação das doze pessoas interessadas a entrar no abrigo. Faça sua escolha, destacando seis tão somente.

☐ Um violinista, com 40 anos de idade, narcótico-viciado.

☐ Um advogado, com 25 anos de idade.

☐ A mulher do advogado, com 24 anos de idade, que acaba de sair do manicômio. Ambos preferem ou ficar juntos no abrigo, ou fora dele.

☐ Um sacerdote, com a idade de 75 anos.

☐ Uma prostituta, com 34 anos de idade.

☐ Um jovem, com 20 anos de idade, autor de vários crimes.

☐ Uma universitária que fez voto de castidade.

☐ Um físico, com 28 anos de idade, que só aceita entrar no abrigo se puder levar consigo sua arma.

☐ Um declamador fanático, com 21 anos de idade.

☐ Uma menina, com 12 anos de idade, e baixo QI.

☐ Um homossexual, com 47 anos de idade.

☐ Uma deficiente mental, com 32 anos de idade, que sofre de ataques epilépticos.

Exercício de consenso

**OBJETIVOS: a)** Treinar a decisão por consenso.

b) Desenvolver nos participantes a capacidade de participação, numa discussão grupal.

**TAMANHO DO GRUPO:** Vinte e cinco a trinta pessoas, sendo possível orientar vários subgrupos de cinco a sete membros, simultaneamente.

**TEMPO EXIGIDO:** Quarenta minutos aproximadamente.

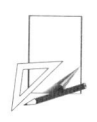**MATERIAL UTILIZADO: a)** Uma cópia da HISTÓRIA DE MARLENE para cada membro participante.

b) Lápis ou caneta.

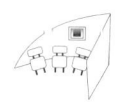**AMBIENTE FÍSICO:** Uma sala suficientemente ampla, com carteiras para acomodar todos os participantes do exercício.

 **PROCESSO: I.** Cada membro participante receberá uma cópia da HISTÓRIA DE MARLENE para uma decisão individual, levando para isso uns cinco minutos.

II. Organizam-se os subgrupos de cinco a sete membros cada um para a decisão grupal.

III. O animador distribuirá a cada subgrupo uma folha da HISTÓRIA DE MARLENE, para nela ser lançada a ordem preferencial do grupo.

IV. Nos subgrupos cada integrante procurará defender seu ponto de vista, argumentando com as razões que o levaram a estabelecer a ordem de preferência da sua decisão individual.

V. Terminada a tarefa grupal, organiza-se uma reunião plenária para comentários e depoimentos.

A HISTÓRIA DE MARLENE

O exercício seguinte é um treinamento de consenso. A conclusão unânime é praticamente impossível de se conseguir. É preciso, pois, que os participantes tomem em consideração a subjetividade de cada qual, para que se torne possível uma decisão.

MODO DE PROCEDER: *O texto seguinte narra a história da jovem Marlene. Cinco personagens entram em cena. Cabe a você estabelecer uma ordem de preferência ou de simpatia para com esses cinco personagens.*

Numa primeira fase, cada qual indicará o seu grau de simpatia para com cada um dos personagens, colocando-os em ordem de um a cinco, atribuindo o número **1** ao personagem mais simpático, o número **2** ao segundo mais simpático e o número **5** ao menos simpático.

Em seguida cada um dará as razões que o levaram a estabelecer essa preferência, e com a ajuda dessas informações procede-se a nova ordem que, então, estabelece a ordem de preferência do grupo.

Eis a história de Marlene:

Cinco personagens fazem o elenco; Marlene, um barqueiro, um eremita, Pedro e Paulo. Marlene, Pedro e Paulo são amigos desde a infância. Conhecem-se há muito tempo. Paulo já quis casar com ela, mas ela recusou, alegando estar namorando Pedro.

Certo dia, Marlene decide visitar Pedro, que morava no outro lado do rio. Chegando ao rio, Marlene solicita a um barqueiro que a transporte para o outro lado. O barqueiro, porém, explica a Marlene ser este trabalho seu único ganha-pão, e pede-lhe certa soma de dinheiro, importância de que Marlene não dispunha. Ela explica ao barqueiro o seu grande desejo de visitar Pedro, insistindo em que a transporte para o outro lado. Por fim o barqueiro aceita, com a condição de receber em troca um manto que usava. Marlene hesita e resolve ir consultar um eremita que morava perto. Conta-lhe a história, o seu grande desejo de ver Pedro e o pedido do barqueiro, solicitando, no final, um conselho. Respondeu: Compreendo sua situação, mas não posso, na atual circunstância, dar-lhe nenhum conselho. Se quiser, podemos dialogar a respeito, ficando a decisão final por sua conta.

Marlene retorna ao riacho e decide aceitar a última proposta do barqueiro. Atravessa o rio e vai visitar Pedro, onde passa três dias bem feliz. Na manhã do quarto dia, Pedro recebe um telegrama. Era a oferta de um emprego muito bem remunerado no exterior, coi-

sa que há muito tempo aguardava. Comunica imediatamente a notícia a Marlene, e na mesma hora a abandona.

Marlene cai numa tristeza profunda e resolve dar um passeio, encontrando-se com Paulo a quem conta a razão de sua tristeza. Paulo compadece-se dela, e procura consolá-la. Depois de certo tempo, Marlene diz a Paulo: "Sabe que tempos atrás você me pediu em casamento, e eu recusei, porque não o amava bastante, mas hoje penso amá-lo suficientemente para casar com você".

Paulo retrucou: "É tarde demais; não estou interessado em tomar os restos de outro".

MINHA ORDEM PREFERENCIAL É:	Em 1º lugar _____
	Em 2º lugar _____
	Em 3º lugar _____
	Em 4º lugar _____
	Em 5º lugar _____

A técnica do encontro

OBJETIVOS: a) Estabelecer uma comunicação real.

b) Auxiliar os participantes a se tornarem conscientes de sua verdadeira reação uns em relação aos outros, através do uso dos sentimentos em todo o corpo.

TAMANHO DO GRUPO: Vinte a vinte e cinco pessoas, aproximadamente.

TEMPO EXIGIDO: Depende das pessoas envolvidas no processo da reconciliação.

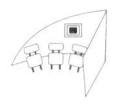

AMBIENTE FÍSICO: Uma sala suficientemente ampla para acomodar todas as pessoas participantes.

PROCESSO: I. O animador convida duas pessoas envolvidas que fiquem de pé, uma em cada extremidade da sala, silenciosas, olhando-se nos olhos, e andando muito lentamente, uma em direção à outra.

II. Sem haverem nada planejado, quando as duas pessoas se encontrarem bem próximas uma da outra, deverão fazer o que quer que sintam impelidas a fazer.

III. Poderão continuar o encontro durante o tempo que quiserem.

IV. Terminado o encontro, o exercício prossegue, com outros dois, caso seja necessário.

V. No final da experiência, seguem-se os comentários, não só dos protagonistas, como dos observadores.

Técnica da saída

OBJETIVOS: a) Libertar de inibições pessoais contraídas.

b) Tirar o bloqueio das pessoas que se sentem imobilizadas, incapazes de mexer-se ou de fazer o que gostariam de fazer.

TAMANHO DO GRUPO: Vinte a vinte e cinco pessoas, aproximadamente.

TEMPO EXIGIDO: Depende da habilidade de cada pessoa.

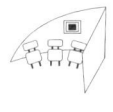

AMBIENTE FÍSICO: Uma sala suficientemente ampla para acomodar todos os participantes, em forma circular.

PROCESSO: I. O animador convida umas dez a doze pessoas para formar um círculo apertado, com os braços entrelaçados.

II. A seguir convida um participante, possivelmente uma pessoa contraída, para que fique de pé dentro do círculo.

III. Uma vez bem formado o círculo, a pessoa que está dentro recebe ordens para procurar sair do jeito que puder, por cima, por baixo ou arrebentando a corrente de braços. Os componentes do círculo tentam ao máximo contê-la e não deixá-la romper o cerco.

IV. Após uma tentativa de uns quatro a cinco minutos, pode-se prosseguir o exercício, trocando a pessoa que se encontra no meio do círculo.

V. Finalmente, uma vez terminada esta vivência, prosseguem-se os comentários.

VI. Esta técnica pode estender-se a uma situação em que a pessoa se sinta constrangida por outro indivíduo, como quando alguém se sente coagido por alguém. Nesse caso o que exerce coação fica de pé, atrás da pessoa que se presume esteja sendo coagida e coloca os braços em volta dela, apertando-lhe fortemente os braços. A pessoa coagida procura então libertar-se.

Queda de braço

OBJETIVOS: a) Integrar alguém no grupo.

b) Fazer desaparecer os sentimentos de apatia de um membro do grupo.

TAMANHO DO GRUPO: O exercício pode aplicar-se com qualquer número de participantes.

AMBIENTE FÍSICO: Uma sala suficientemente ampla para acomodar todos os participantes.

PROCESSO: I. O animador ordena a dois elementos que necessitam de integração no grupo que se deitem no chão, os antebraços direitos (ou esquerdos) levantados, apoiados nos cotovelos, mãos entrelaçadas.

II. É preciso que os cotovelos fiquem em linha reta entre eles, procurando cada um baixar o braço do outro até o chão.

III. As outras pessoas do grupo, na qualidade de membros observadores, assistem ao exercício para posteriores comentários.

IV. O exercício prosseguirá, na medida em que houver mais elementos que precisam integrar-se mais no grupo.

V. Seguem-se os comentários e observações acerca do exercício.

Situação no espaço

OBJETIVOS: a) Procurar sentir o espaço, entrar em contato com os outros elementos do grupo.

b) Relacionar-se com as outras pessoas do grupo.

TAMANHO DO GRUPO: Com qualquer número de participantes.

TEMPO EXIGIDO: Uns quinze minutos, aproximadamente.

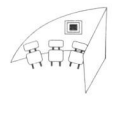

AMBIENTE FÍSICO: Uma sala suficientemente ampla para que as pessoas do grupo possam movimentar-se facilmente.

PROCESSO: I. O animador pede a todos os participantes do grupo que se aproximem uns dos outros, ou sentando no chão, ou em cadeiras.

II. Em seguida ordena que todos fechem os olhos e, estendendo os braços, "procurem sentir o espaço do grupo" – todo o espaço diante deles, por cima das cabeças, atrás das costas, por baixo – e em seguida tomar consciência do contato com os demais ao passar por cima uns dos outros e se tocarem.

III. O exercício continua durante cerca de cinco minutos, dando oportunidade ao animador a observar as reações dos participantes, como alguns preferem definitivamente permanecer no próprio espaço e consideram uma intrusão alguém nele penetrar.

IV. Observa-se ainda como outros se mostram mais relutantes em introduzir-se no espaço dos vizinhos, temendo não serem desejados, enquanto outros ainda procuram as pessoas e apreciam o contato físico.

V. Finaliza-se o exercício colhendo as reações dos participantes, através da verbalização.

Técnica não verbal de controle

OBJETIVO: Experimentar os sentimentos de domínio e de submissão.

TAMANHO DO GRUPO: O exercício pode aplicar-se com qualquer número de participantes.

TEMPO EXIGIDO: Depende do número de vezes que o exercício for repetido.

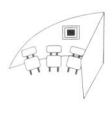

AMBIENTE FÍSICO: Uma sala com cadeiras, suficientemente ampla para acomodar todos os participantes.

PROCESSO: I. O animador ordena que uma ou duas pessoas do grupo fiquem em pé em cima de uma cadeira e continuem participando das atividades, naquela posição.

II. É importante observar que as pessoas fiquem de pé sem maiores explicações.

III. Decorridos cinco ou mais minutos, o animador poderá solicitar a reação das outras pessoas, a fim de observar se de fato tiveram a impressão de subordinação, como também notar como essas simples modificações espaciais fazem aflorar nítidas sensações de conforto ou desconforto.

IV. O exercício pode também variar, ficando alguém simplesmente em pé e as demais pessoas sentadas.

Exercício de bombardeio intenso

OBJETIVO: Expressar sentimentos positivos, de carinho e afeto para com uma pessoa.

TAMANHO DO GRUPO: Vinte a vinte e cinco pessoas, aproximadamente.

TEMPO EXIGIDO: Um ou dois minutos, por pessoa.

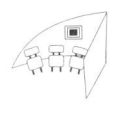

AMBIENTE FÍSICO: Uma sala suficientemente ampla para acomodar todas as pessoas participantes do exercício.

PROCESSO: I. O animador inicia, explicando ao grupo como a afeição se baseia na formação de ligações emocionais. É geralmente a última fase a emergir na evolução do relacionamento humano, após a inclusão e o controle, conforme a teoria de William C. Schutz. Na fase da inclusão, as pessoas têm de encontrar-se umas com as outras e decidir se continuam seu relacionamento. Os problemas de controle exigem que as pessoas se confrontem umas com as outras e descubram como desejam relacionar-se. Para prosseguir a relação, cumpre que se formem ligações afetivas, e elas têm então de abraçar-se, a fim de que se crie um vínculo duradouro.

II. Feita esta explicação ou outra semelhante, o animador pede aos participantes que digam à pessoa que está na berlinda todos os sentimentos positivos que têm por ela.

III. A pessoa que se encontra na berlinda apenas ouve, podendo permanecer no círculo ou sair dele e ficar de costas para o grupo.

IV. O impacto é mais forte quando cada um se coloca diante da pessoa, toca-a, olha nos olhos e lhe fala diretamente, que é uma outra maneira de realizar o exercício.

V. Às vezes a verbalização no final do exercício é útil; mais comumente, porém, as emoções são tão intensas que o falar as dilui e o grupo prefere não fazer comentários.

Exercício do confronto

OBJETIVOS: a) Auxiliar as pessoas a se confrontarem com o comportamento dos outros, em termos de ajuda mútua.

b) Estimular o recebimento de *feedback* como também saber dá-lo às pessoas do grupo.

c) Trocar os sentimentos que envolvem em dar e receber *feedback*.

TAMANHO DO GRUPO: Umas vinte a vinte e cinco pessoas. Este exercício só poderá realizar-se quando os participantes já se conhecem suficientemente, portanto não logo nos primeiros dias de curso.

TEMPO EXIGIDO: Uma meia hora, aproximadamente.

PROCESSO: I. O animador começa esclarecendo o grupo acerca do processo de confronto, e como muitas vezes nosso comportamento constrange as pessoas do grupo.

II. A seguir, o animador pede que todos procurem dentro do grupo aquela pessoa diante da qual se sentem constrangidos ou embaraçados, inclusive o animador. Uma vez indicada a pessoa, não convém mudar.

III. Em continuação, um a um começa por anunciar o nome da pessoa, descrevendo o comportamento que constrange, começando a interação com a seguinte frase: "A pessoa que mais me constrange é ....".

E continua: "A coisa que me constrange é ....
....".

IV. A pessoa indicada tem diversas alternativas: a) pode permanecer calada, não reagindo às observações do colega; b) pode explorar ou explicar seu comportamento constrangedor; c) pode ainda explicar por que seu relacionamento leva ao constrangimento.

V. Enquanto os dois participantes interagem, poderão solicitar a ajuda dos colegas, que confirmarão ou não as observações que estão sendo feitas.

VI. Assim que todos tiverem feito seus comentários acerca de certos comportamentos constrangedores, possivelmente mais reações irão surgir, e o exercício continua, para finalmente se verbalizar a vivência.

Exercício de analogia

OBJETIVOS: a) Ajudar a penetrar no mundo interior de uma pessoa.

b) Estimular pensamentos analógicos e associativos.

TAMANHO DO GRUPO: Vinte a vinte e cinco pessoas.

TEMPO EXIGIDO: Vinte minutos, dependendo do tamanho do grupo.

MATERIAL: Uma folha em branco, lápis ou caneta.

AMBIENTE FÍSICO: Uma sala suficientemente ampla para acomodar todos os participantes.

PROCESSO: I. O animador orientará o grupo dizendo como o processo de criação ou autorrealização envolve a associação e combinação dos elementos das experiências de maneiras novas e diferentes. As associações podem ocorrer em termos de informação, sensações ou sentimentos. Todos são importantes para a atividade criativa. O exercício da analogia ajuda a pessoa a exercitar-se no desenvolvimento e uso mais produtivo da capacidade associativa.

II. A seguir o animador pede aos participantes que expressem suas reações, em termos analógicos, escolhendo uma pessoa bem conhecida de todos.

III. Para facilitar as conexões, poderá ainda o animador formular interrogações, tais como: "Com que se parece"? ou "O que ele lhe lembra"? Em continuação fará perguntas como: "Se ele fosse uma cor, qual seria"? ou "Que espécie de comida"?, "Que país"? "Que tipo de literatura"? "Que animal"? "Que parte do corpo"? ou "Que cheiro"?

IV. O animador ainda orientará os participantes do grupo para que em cada situação respondam procurando expressar a essência do assunto em vez de algo concreto. Por exemplo, refletindo sobre os traços de caráter de uma pessoa meiga, associá-la a um "purê de batatas sem sal".

V. Este exercício poderá variar, usando-se ainda a analogia direta para a expressão de sentimentos. Por exemplo, expressar sentimentos acerca dos membros do grupo em termos de figuras familiares, ou cores, ou em termos de como se gostaria de tocá-las.

VI. Finaliza-se o exercício com a verbalização, discutindo-se em detalhes os sentimentos vivenciados pelos membros do grupo.

Bloqueio da criatividade

OBJETIVO: Desenvolver a capacidade de perseverar num trabalho criativo.

TAMANHO DO GRUPO: Vinte a vinte e cinco pessoas.

TEMPO EXIGIDO: Quinze minutos, aproximadamente.

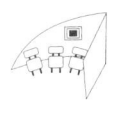

AMBIENTE FÍSICO: Uma sala suficientemente ampla, com cadeiras, para acomodar todas as pessoas.

PROCESSO: I. O animador apresenta um assunto para discussão. Todos os participantes apresentam ideias e sugestões. A certa altura, um elemento do grupo, previamente avisado, contesta frontalmente uma das afirmações de um participante, dizendo que a ideia não é nova, nem válida.

II. A pessoa contestada, naturalmente, sentindo-se interrompida, reagirá mostrando-se desanimada, vazia. O impacto sufocou sua criatividade, o que não significa que a reação dos observadores à atividade criativa deva ser somente de apoio.

III. É da maior importância que haja realismo quanto a todas as reações. A gratificação resultante da capacidade de terminar uma tarefa é muito grande. É nesse sentido que serão orientados os comentários no final do exercício.

Reunião não verbal

OBJETIVOS: a) Incentivar o uso de outra forma de comunicação que não a verbal.

b) Estimular a conversão de sentimentos em atos.

TAMANHO DO GRUPO: Vinte a vinte e cinco pessoas, aproximadamente.

TEMPO EXIGIDO: Vinte e cinco minutos.

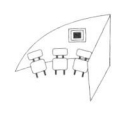

AMBIENTE FÍSICO: Uma sala suficientemente ampla para a realização do exercício, com cadeiras não arrumadas na ordem costumeira.

PROCESSO: I. O animador inicia, explicando que os pensamentos e sentimentos devem ser expressos segundo um estilo. As descobertas científicas são escritas em linguagem técnica; a música é escrita e executada; outros sentimentos criativos são pintados, cantados, dançados, falados, representados. Seja de que modo for, a pessoa comunica sua experiência através do uso ou postura de seu corpo ou de alguma parte do mesmo.

II. A seguir os participantes são avisados pelo animador de que não podem expressar-se com palavras escritas ou faladas.

III. Os membros do grupo são orientados para que se amontoem na sala, procurando relacionar-se entre si durante quinze minutos, sem palavras.

IV. Decorridos os quinze minutos, seguem-se os comentários acerca da experiência vivenciada, podendo cada qual expressar em palavras suas descobertas e os seus sentimentos.

O jogo dos voluntários

OBJETIVOS: a) Remover os bloqueios emocionais.

b) Desenvolver uma consciência de si mesmo e de seus sentimentos.

c) Desenvolver sensibilidade e percepção acerca de outras pessoas e do mundo em torno de si.

TAMANHO DO GRUPO: Vinte e cinco pessoas, aproximadamente.

TEMPO EXIGIDO: Vinte minutos.

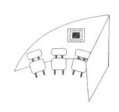

AMBIENTE FÍSICO: Uma sala, com cadeiras, suficientemente ampla para acomodar todos os participantes.

PROCESSO: I. O animador esclarece como os elementos psicológicos que contribuem para criar um conflito em alguém podem ser personifica dos. A seguir, como demonstração desse método de aumentar o conhecimento interno, num grupo relativamente grande, solicita voluntários para participar de uma experiência.

II. A fim de ajudar os participantes a compreenderem os sentimentos que os levaram à decisão de se apresentarem ou não como voluntários, o animador do grupo dirá o seguinte: "Na verdade, não quero os voluntários agora, mas gostaria que vocês se situassem na experiência que acabam de vivenciar, a de tentarem decidir se iriam ou não se apresentar. Imaginem duas pessoas dentro da cabeça de vocês. Uma lhes diz que se apresentem e outra diz o contrário. Visualizem uma conversa entre as duas, na qual tentam se convencer mutuamente, até que uma delas vence".

III. Terminada essa discussão, o animador manda que se defrontem, não verbalmente, e vejam o que acontece, fechando para isso os olhos durante uns dois ou três minutos, imaginando esse encontro.

IV. Findo o tempo, os participantes relatarão suas visualizações. Por solicitação do animador, todos deverão procurar descrever como eram as pessoas, como se fizeram ouvir, seu porte, o que diziam, onde estavam, sua posição física, e quem ganhou.

V. As estórias individuais geralmente esclarecem as considerações que entram no conflito, o processo de tomar a decisão de se apresentar ou não.

Bibliografia

ALCÂNTARA, Alcides de. *Dinâmica de grupo e sua importância no ensino*. Rio de Janeiro: Senai – Departamento Nacional, 1972.

ALMEIDA, Paulo Nunes de. *O ensino globalizante em dinâmica de grupo*. São Paulo: Saraiva, 1973.

ANTUNES, Celso. *Técnicas pedagógicas de dinâmica de grupo*. São Paulo: Editora Brasil, 1970.

CARTWRIGHT, Dorwin & ZANDER, Alvin. *Group Dynamics*. Nova York: Harper & Row, Publishers, 1968.

LASSEY, William R. *Leadership and Social Change*. Iowa: University Associates Press, 1971.

LIMA, Lauro de Oliveira. *Dinâmica de grupo*. Petrópolis: Vozes, 1969.

MAILHOT, Gérard Bernard. *Dinâmica e gênese dos grupos*. São Paulo: Livraria Duas Cidades, 1970.

MAISONNEUVE, Jean. *La Dinâmica de los Grupos*. Buenos Aires: Editorial Proteo, [s.d.].

MILL, Theodore M. *Sociologia dos pequenos grupos*. São Paulo: Livraria Pioneira, 1970.

MINICUCCI, Agostinho. *Dinâmica de grupo na escola*. São Paulo: Melhoramentos, 1970.

RIOS, José Arthur. *A educação dos grupos*. Rio de Janeiro: Serviço Nacional de Educação Sanitária, 1962.

SHEPHERD, Clóvis R. *Pequenos grupos*. São Paulo: Atlas, 1963.

STANDFORD, Gene. *Learning Discussion Skills Through Games*. Nova York: Citation Press, 1969.

VELA, Jesus Andrés. *Técnicas y Prácticas de Las Relaciones Humanas*. Bogotá: Indo-American Press Service.

WEIL, Pierre. *Dinâmica de grupo e desenvolvimento em relações humanas*. Belo Horizonte: Itatiaia, 1967.

_____. *Relações humanas na família e no trabalho*. Petrópolis: Vozes, 1971.

LIVROS DE
JOGOS E DINÂMICAS

A Arte de Brincar
Adriana Friedmann

Atividades Recreativas
Ângela Cristina Munhoz Maluf

Brincadeiras para sala de aula
Ângela Cristina Munhoz Maluf

Como animar um grupo: princípios básicos e técnicas
Maria José Aguilar Idáñez

Dinâmicas criativas: um caminho para a transformação de grupos
Adriana Friedmann

Dinâmica de Grupo: jogo da vida e didática do futuro
Baulduino A. Andreola

  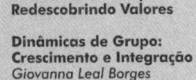   

Dinâmica de Grupos Populares
William C.C. Pereira

Dinâmicas de Grupo: Redescobrindo Valores

Dinâmicas de Grupo: Crescimento e Integração
Giovanna Leal Borges

Dinâmicas de Grupo
Lauro de Oliveira Lima

Dinâmicas de Leitura para Sala de Aula
Mary Rangel

Dinâmicas de Recreação e Jogos
Silvino José Fritzen

Exercícios Práticos de Dinâmica de Grupo – Vol. I e II
Silvino José Fritzen

Janela de Johari
Silvino José Fritzen

Jogos de Cintura
Vários autores

Jogos Dirigidos
Silvino José Fritzen

Jogos divertidos e brinquedos criativos
Marcos Teodorico Pinheiro de Almeida

Jogos Infantis
Tizuko Morchida Kischimoto

Jogos para a Estimulação das Múltiplas Inteligências
Celso Antunes

Jogos e Diversões em Grupo

Brincadeiras engraçadas

Brincadeiras e Dinâmicas para Grupos

Dinâmicas para Encontros de Grupo

Histórias para Dinamizar Reuniões
Volney J. Berkenbrock e Emerson Souza

Manual de Técnicas de Dinâmica de Grupo, Sensibilização e Ludopedagogia
Celso Antunes

EDITORA VOZES

Conecte-se conosco:

 facebook.com/editoravozes

 @editoravozes

 @editora_vozes

 youtube.com/editoravozes

 +55 24 2233-9033

www.vozes.com.br

Conheça nossas lojas:

www.livrariavozes.com.br

Belo Horizonte – Brasília – Campinas – Cuiabá – Curitiba
Fortaleza – Juiz de Fora – Petrópolis – Recife – São Paulo

  Vozes de Bolso

EDITORA VOZES LTDA.
Rua Frei Luís, 100 – Centro – Cep 25689-900 – Petrópolis, RJ
Tel.: (24) 2233-9000 – E-mail: vendas@vozes.com.br